OOR WULLIE ®

My Story

OOR WULLIE®

My Story

BLACK & WHITE PUBLISHING

First published 2018
by Black & White Publishing Ltd
Nautical House, 104 Commercial Street,
Edinburgh, EH6 6NF

1 3 5 7 9 10 8 6 4 2   18 19 20 21

ISBN: 978 1 910230 59 6

Oor Wullie ®© DC Thomson & Co. Ltd 2018
Text by Euan Kerr

A CIP catalogue record for this book is available from
the British Library.

Typeset by Creative Link, Haddington
Printed and bound by Opolgraf, Poland

All you ever wanted to know about Scotland's ultimate wee rascal but were too polite to ask.

From hobbies to bobbies, pets to pet hates, seating to eating, his dreams and worst nightmares. You might even learn what his plans are should he ever grow up (don't worry, he'll always be a kid at heart).

Coupled with the classic artwork of Dudley D. Watkins, take a nostalgic trip to Auchenshoogle with Wullie, his family and pals.

So ye want tae ken a bit aboot my life, dae ye?

Och, I'm just an ordinary laddie really. I was christened William but a' my freends ca' me Wullie – and I've got a lot o' freends!

Actually, a' my enemies ca' me Wullie tae. The only people that ca me William are my rotten auld teachers, and that's usually cos they're tellin' me aff.

- MY MA -

I live in a wee toon called Auchenshoogle wi' my
Ma and Pa. It's a braw place tae live wi' lots o' great
places tae play, like Stoorie Brae and Swannie Pond.
The only thing wrang wi' Auchenshoogle is the
skule – whit a waste o' guid playin' time!

My Ma's the best there is. She maks the greatest
mince an' tatties in the world, and she patches me
up if I've got in ony
scrapes or if I've had
a wee fall oot wi' thon
big dug in Scrapyard
Lane.

There's only ae thing wrang wi' my Ma – she goes daft when I dinnae keep clean. How's a laddie meant tae keep clean AND hae fun?

She just disnae understand the delights o' mud fechts, divin' in the mud tae head a goal at fitba, crawlin' through the fields playin' sudjers and stuff like that. Onyway, mud's supposed tae be guid for the complexion, so my skin should be as smooth as a bairn's bahookie!

Bein' a crafty wee laddie, I hae ways o' dodgin' oot o' ower much washin'.

But Ma's no' sae green as she's cabbage lookin' ...
catches me every time.

Still, I suppose there is a guid side tae aye haein' tae hae baths – it's braw fun playin' wi' my yachts and battleships. Once I'm in, Ma canna get me oot.

Ma should gang on ane o' thae MasterCook programmes on the telly. Yon Mary Berry could learn a thing or twa from Ma aboot the best way tae mak steak pie, clootie dumplin's and jam roly-poly. Jings, I'm slaverin' just thinkin' aboot it!

Posh grub – ye can keep it!

Aye, Ma may hae her faults, but I widnae swap her for a' the puddocks in Swannie Pond. Here's a wee poem I made up aboot her tae show how much she means tae me.

Mind you, if I'd kent she wis goin' tae go a' soppy on me, I micht no' hae bothered.

My Pa aye thinks he can get the better o' me, but usually I'm far ower fly for him. I'm competitive just like him. I can aye beat him though.

- MY PA -

Pa likes tae gie me
pieces o' advice.

Pity he doesnae listen tae his ain preachings.

Bah!

He even tried tae tell **ME**, the best fechter in Auchenshoogle, the noble art o' boxin'. He should hae kent that it wid backfire on him. Poor Pa.

There's ae thing me and Pa definitely hae in common – we both like oor grub.

- MY FREENDS -

I hae lots o' freends in Auchenshoogle but my three best pals are Fat Bob, Soapy Soutar and Wee Eck. We get up tae a' sorts o' fun together and they kindo look on me as their leader.

Like a' guid pals, we love playin' tricks on each other. Ye probably ken that I'm awfy attached tae my bucket. Weel, Bob thought it wid be a laugh if he made me even mair attached tae it.

My bucket was stuck fast and I had tae have it cut
aff by the blacksmith.

Nae way wis Bob goin' tae get awa' wi' that.

Just look how I paid him back.

Bob's aye been a wee bit on the plump side and he asked Soapy and me tae help him lose a bit o' wecht. Weel, whit are freends for? We did athing we could tae help him lose a few punds.

It worked a treat and soon Bob was a new lad.

But things kindo went wrang when we went
apple pinchin' ...

We got awa' frae the dug a'richt but at a cost ...

Bob couldna risk that happenin' again, so he guzzled himself back tae his old size. Ach weel, Skinny Bob disnae sound richt onyway!

I've never kent how Soapy Soutar got his nickname (come tae think o' it, I dinna even ken his REAL name). Maybe he gets called Soapy cos he's aye in 'soapy bubble'. Ye ken – yon Cockney rhyming slang for 'trouble'.

Weel, he wis in trouble wi' me when he caught me wi' the auld squirty flooer trick. Did I get him back? Too richt I did – nearly drowned him wi' my squirty CAULIflooer.

Whit a beauty!

The pair o' them sometimes gang up tae trick me. The worst time is the 1st April. I mind ae time I nearly broke my fit cos o' them.

Then I tried tae dae them a guid turn and they thocht I wis tryin tae fool them.

Served the pair o' them richt.

Dae I forgive them a' their wee tricks? Weel, let's say it's no' everyone I'd let share my bucket.

Wee Eck really looks up tae me – actually, he looks up tae pretty much everybody cos he's so tiny. He's aye askin' my advice, like how tae drive a cartie. He soon got the hang o' it. In fact, his 'emergency stop' wis a bit ower guid!

When Eck and me tricked Bob and Soapy, my wee pal got a bit o' a drookin'.

He may be wee but he packs a heck o' a punch.

Aye, I hae plenty o' freends in Auchenshoogle, but there are a few fowk no' so happy tae see me. OK, so I may hae played the occasional wee trick on them – do they no' hae any sense of humour? Ach weel, I'm ower fly for maist o' them onyway.

Me an' my pals fair enjoy a guid rammy, especially wi' thon Smith Street lot. Despite the odd keeker and jeelly nose, there's never ony hard feelings – at least no' between us kids. Oor parents on the ither hand …

- STYLE -

Ye ken a' thon gelled spiky hair ye get these days? Weel, I've had spiky hair a' my life and have never used a drap o' yon expensive, clarty gel oan it. It's a' natural.

There have been times when I've tried oot different styles, but nothin' looks richt except my natural spikes. Like when Bob and Soapy gied me curls as a laugh – I wisnae laughin'!

Hoo dae ye think this wig
suited me?

Then there wis the time I used some special hair tonic I found in the bathroom. I ended up lookin' like a grown-up version o' the Broons' Bairn. Whit a minter!

Ae time I let my hair grow a bitty.

But the local lassies used it as an excuse tae try oot hair styles on me.

I wisnae haein' ony mair o' that nonsense!

Anither thing I'm kindo famous for are my dungarees. Ye can keep yer skinny jeans and trackie bottoms – dungarees are the boys for me. They keep my knees from getting' skint, they hae braw big pockets tae keep bools, sweeties and my cattie in, they are black, so dinnae show up the dirt. Whit's no' tae like?

Then, one day, Ma dropped a bombshell ...

Whit could I dae? I wis desperate. Luckily, I met a new lad who gave me a bit o' an idea ... efter a day o' fitba and slidin' doon the chute on oor fronts, I took him hame tae meet Ma.

Ye're no' likely tae see me in jeans efter that.

Ha ha!

Mind you, on the very rare occasions that we get a real scorcher o' a day here in Scotland, my dungarees can be absolutely bilin'. I tried rollin' them up, but that gave awa' my guilty secret.

As I had a bit o' a hole in my dungarees pocket, Soapy said he had a braw idea tae cool doon my hot legs. Weel it worked – but it made it look as if I'd had a 'wee accident'.

Here's somethin' ye'll no' see every day – me in WHITE dungarees. I borrowed them aff Tam the Painter's son efter I spilt paint a' o'er my guid dungarees. I had tae pit them on in the coal shed in case Ma saw me. I wis black affronted ... or should that be 'white affronted'?

I mind the time a dug ripped the seat oot o' my dungarees. Ma had tae patch them till she got me a new pair. Jist look at the patch she used. I couldnae let my pals see that. Ha ha! Guess whit – Fat Bob got the same treatment from that dug and had a horrendous patch on his breeks just like mine.

That's why we found a new way tae get aroond.

- MY BUCKET -

My ither trademark is my bucket. Ye can keep yer padded armchairs, beanbags and stuff – my braw wee bucket gies me a' the comfort I need. When I grow up I want a three-piece suite o' buckets.

Ye'd think it wid be ower cauld in the winter time, but I hae a secret way tae keep warm. I fill my bucket wi' hot water …

Cover it wi' cling film and Bob's yer uncle!

Aye, my bucket's a great pal tae me. It even has its uses at Christmas time.

It's fair handy in the summer tae.

It even has its uses if I've eaten ower much mince and tatties and peas and doughballs and rhubarb crumble and ice cream and ginger beer and sweeties and ... grooo – excuse me a meenit ...

I sometimes imagine whit it'll be like when I eventually hae tae gie up my bucket.

It doesnae bear thinkin' aboot!

ME AND
PC MURDOCH

It's an awfy pity that firing yer cattie is no' an Olympic event. I'd be in wi' a great chance o' a gold medal.

Just look at this for skill.

Rotten auld PC Murdoch confiscated my cattie efter that wee bit o' mischief. But I kent he'd fancied himsel' as a bit o' a cattie expert when he wis a lad, so I set a trap for him ...

I made him think he'd smashed a windie.

Then, jist as I'd planned ...

Ye ken what, one windy day, Murdoch had good cause tae thank me and my trusty cattie.

That's one free prank he wis due me.

Aye, PC Murdoch and me gang back a lang way.
We've had plenty o' run-ins but he's no' such a
bad auld manny really. When he got a brand new
helmet, he even gave me a present o' his auld ane. I
thocht that wis really kind o' him until ...

The crafty auld constable!

Ye maybe didnae ken that PC Murdoch wis a Heeland Games champion as a lad. He decided tae teach me and my pals how tae master a' the events. Mind you, he lived tae regret that offer – no' half he did!

Ye think thon fitballer Scott Broon gets a lot o' bookings – he's got nothin' on me from PC Murdoch!

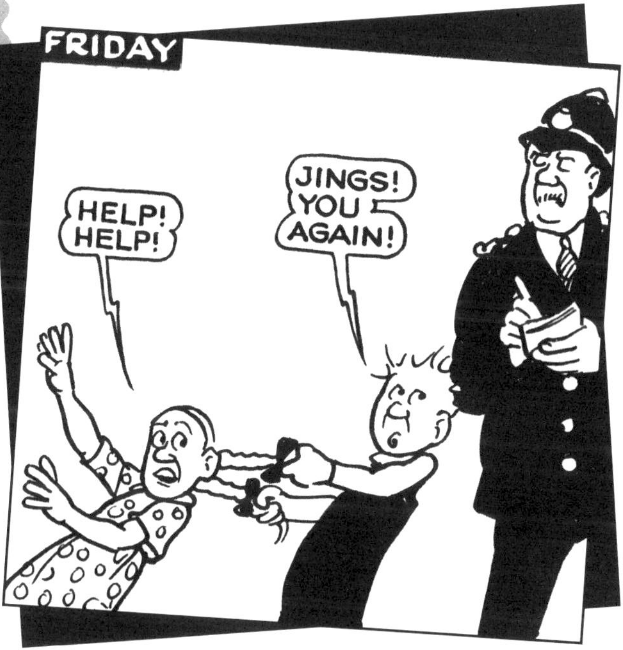
FRIDAY
HELP! HELP!
JINGS! YOU AGAIN!

- LOVE -

Maybe I'm no' sae popular wi' the law, but, for some reason, the lassies o' Auchenshoogle seem tae tak a shine tae me – must be my bad boy image. Dinna you let Bob and Soapy see the following embarrassing pictures noo.

A' thon kissin' and soppy stuff is bad enough, but there are some times that wummin just go **TOO FAR!**

Definitely **NEVER** let Bob and Soapy see this.
They'd slag me rotten!

Ach! When a's said and done, there's really only one lassie for me.

Efter a', there's naebody maks sassidge, eggs and chips like my Ma.

- JEEMY THE MOOSE -

Most bairns hae dogs or cats as pets, or maybe
hamsters or guinea pigs. No' me – I've got Jeemy the
moose. He's no ordinary moose – he's really clever.
In fact he must hae wanted tae be even mair clever
cos he came tae skule wi' me ae day.

He's clever a'richt, but he hadnae come tae skule
tae learn. He wis efter something else ...

Jeemy may be a wee devil, but I widnae swap him for a' the pandas in China. Ae day I got an awfy fricht when I found his cage empty.

I thocht for a horrible meenit that Soapy's wee brither had eaten him, but it was just a chocolate moose.

I had other suspects and a' ...

I couldnae sleep for worry. A squeaky bed didnae help either. But when I decided tae oil the springs, guess whit I foond ...

Some wee kids hae teddies in their bed. I hae a moose!

Jeemy brings me luck. He even comes
tae support me when I play fitba.

Ye can keep yer black cats – my wee grey moose is luckier than ony o' them!

- THE SEASONS -

Summer's braw. Nothin' I like better than
fishin' and campin' and hill walkin', no' tae
mention '99' ice creams.

Aye, summer's braw, but there's nothin' tae beat the fun ye can hae in winter. When it's braw an' icy, I've been known tae tak a day aff skool. There's nothin' tae beat a guid slide. My tacketty boots let me gang real fast.

But some times things dinnae go tae plan ...

Hmm! On second thochts, let's pretend it's summer.
How dae ye like my snow castle?

- MY FUTURE -

Still, I suppose I cannae stay a laddie a' my life. When I grow up, I wonder whit job I could dae, so I could become ane o' thae typhoons like Richard Branson. (Ed's note – Wullie means 'tycoon').

A waiter maybe – lots o' leftover grub tae tuck intae.

Mind you, maybe I'm a wee bit too accident prone for that job.

A milkman maybe?

Nah! I'd be plagued wi' cats.

Bet I'd mak a grand builder ... or maybe I'm a bit ower accident prone for that job too.

Nah! I ken the perfect job for me – I'll become a bobby like PC Murdoch! Efter a', there's naebody kens mair aboot the tricks and mischief that laddies get up tae than me.

Evenin' all!